$L k^8\ 647$

NOTICE

SUR ALGER

PAR

CH. DUBOIS

Licencié ès-lettres.

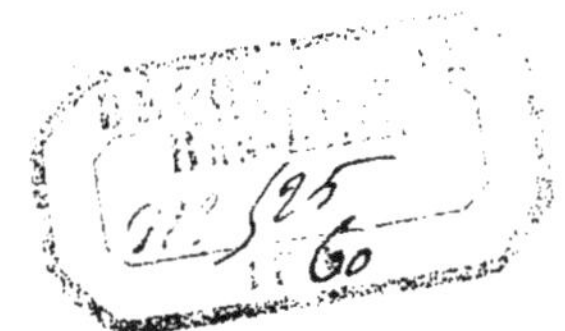

STRASBOURG

TYPOGRAPHIE D'AD. CHRISTOPHE

1860.

Cette notice n'était pas destinée, dans le principe, à voir le jour. Mon fils, obligé de passer l'hiver à Alger, m'envoyait, de temps en temps, le résultat de ses observations, de ses impressions sur une ville à laquelle il doit une grande amélioration de sa santé : j'ai réuni ses notes et je les ai communiquées à quelques personnes qui m'ont affirmé les avoir lues avec intérêt. D'après leur conseil, je les livre aujourd'hui à l'impression, après qu'elles ont été revues et complétées par l'auteur, et je me permets de les offrir, comme témoignage de reconnaissance, aux personnes qui nous honorent de leur bienveillante sollicitude, comme souvenir d'affection, à nos parents et à nos amis.

Strasbourg, 1ᵉʳ août 1860.

DUBOIS,

Secrétaire de la Faculté de médecine.

NOTICE SUR ALGER.

Des hommes de beaucoup d'esprit, des écrivains d'une imagination brillante ont écrit de délicieuses pages sur Constantinople, Nice, Naples, Marseille elle-même. Aussi voit-on en France beaucoup de gens qui, charmés par leurs récits, vont célébrant partout les rives du Bosphore, le beau ciel de l'Italie, les délices de nos rivages du Midi. Pourquoi, au milieu de tant de voix, promptes à célébrer les beautés de ces gracieuses reines des mers, ne s'est-il jamais élevé un cri d'admiration, ou tout au moins un cri de sympathie, pour la capitale de notre colonie africaine, si voisine de nous, et pourtant si peu connue? Pourquoi tant de vers enchanteurs, tant de pages charmantes, consacrés à la gloire de la baie de Naples, tandis que sa sœur, sa digne rivale, la baie d'Alger, attend encore son poète? Cette Afrique française, où tant de braves sont venus mourir, pour y faire à jamais flotter le drapeau tricolore, est-elle donc si méprisable qu'un dédaigneux silence doive toujours être son partage? Non, assurément. Le climat de cet heureux rivage est aussi beau, aussi doux que celui de Constantinople ; la mer qui le berce de son murmure, est aussi poétique que celle qui caresse les pieds de la Parthénope antique ; les habitants, les rues d'Alger, tout le panorama qui l'enchasse, ne sont ni moins nouveaux, ni moins curieux que ceux de Constantinople pour nos yeux parfois lassés des vieilles beautés de la France.

Un passé glorieux plane au-dessus d'Alger et de l'Algérie tout entière, comme un lointain, un émouvant souvenir. Partout, sur cette terre où les pas des Romains furent marqués en ineffaçables empreintes, partout nous retrouvons les traces d'une civilisation autrefois florissante et grandiose. Chacune de ces villes dont nous prononçons le nom moderne avec une si étrange indifférence, a pris aujourd'hui la place où se dressa jadis une cité antique dont nous retrouverions le nom glorieux dans les auteurs de la vieille maîtresse du monde. Rome elle-même nous a légué, comme aux plus dignes, cette belle part dans son immense héritage. Cependant nous oublions l'Afrique, nous ne la connaissons pas, et nouscherchons rarement à la connaître. Il semble que nous ne voulions pas voir quel rôle glorieux la Providence lui réserve, au moment où, devenue française et vraiment nôtre, par une longue possession, elle ouvre, joyeuse, ses ports et ses villes à nos flottes et à nos colonies. Si, parfois, quelqu'un de ces hommes qui l'ont parcourue l'épée à la main, prend, en rentrant, la plume, pour faire connaitre à la mère-patrie les splendeurs africaines, il ne dévoile aux yeux du lecteur que la partie la plus éloignée du tableau.

Ainsi, dans cet immense panorama algérien, qui s'étend si loin, d'Oran à La Calle, d'Alger aux confins du désert, les parties les mieux connues sont celles qui semblaient le devoir être après les autres. Constantine, les solitudes qui annoncent le Sahara, le désert lui-même, ont été décrits bien des fois; mais on a regardé comme trop facile à faire une description de la métropole elle-même; et Alger, dont la physionomie est si originale, dont le séjour est si doux, Alger, pour bien des Français, qui peut-être y viendront mourir un jour, est presque aussi inconnu que la capitale du Japon.

Quel spectacle ravissant que celui de la baie d'Alger se déployant tout-à-coup devant les yeux du voyageur qui, au mois de novembre ou de décembre, a dit à la France un adieu de quelques mois, pour venir demander un climat plus doux à ces rivages voisins de la mère-patrie ! Quels regards charmés il promène, du pont du vais-seau, sur l'immense panorama qui l'entoure ! La France qu'il vient de quitter, était couverte de neige ; partout un froid, ou rigoureux ou sombre, avait remplacé les derniers beaux jours d'un pluvieux automne : les arbres n'avaient plus de feuilles, le givre pendait en fils brillants de leurs branches gelées; les champs étaient durcis par la glace ou salis par la boue; et, dans les villes, les promeneurs, chaudement enveloppés dans leurs habits d'hiver, ne quittaient un moment le foyer joyeux que pour y revenir bien vite avec un nouveau plaisir. Lui-même, pour se garantir du froid sur les chemins de fer, n'avait-il pas dû se cacher dans ces enveloppes de mille formes devenues presque une nécessité? Quel est donc son étonnement, quelle est sa joie, lorsqu'après deux jours de traversée, il se trouve tout-à-coup en face de cette ville fantastique, où nul n'abordait jadis que pour y pleurer longtemps sa patrie au milieu des tourments d'un affreux esclavage!

L'aspect d'Alger, lorsque, pour la première fois, on peut d'un coup d'œil embrasser cette belle mer, cette plaine, cette ville, ces montagnes, offre vraiment un de ces points de vue sublimes que l'on n'oublie jamais, et qui, souvent, quand nos yeux sont, depuis bien des années déjà, sevrés de les voir, reviennent doucement s'offrir à notre imagination charmée.

A gauche, le cap Matifou s'avance dans la mer dont les vagues gracieuses bondissent comme un joyeux troupeau au pied de ces rochers qui la dominent à peine. C'est là que les Espagnols tentèrent inutilement de débarquer leur armée, lors de la fameuse expédition envoyée par Charles-Quint contre les corsaires d'Alger. Là aussi s'ouvre cette fameuse plaine de la Mitidja, jadis le grenier d'abondance de Rome, et maintenant cultivée par de nombreux colons français, héritiers des travailleurs qui, durant bien des années, y tombèrent, renversés par les miasmes délétères d'un premier défrichement, et léguèrent à d'autres plus heureux, la charrue civilisatrice, lâchée par leur main défaillante.

La plaine est bornée, à l'horizon, par les montagnes du petit Atlas, toutes parsemées de noirs bouquets d'orangers et d'oliviers. Ce terrain immense s'arrondit en un vaste demi-cercle, dont on aperçoit les deux extrémités. Au milieu de cet hémicycle grandiose, au milieu de la profonde baie qu'il embrasse, Alger s'élève sur un roc que surplombe la petite chaîne de la Boudzaréah, gracieuses collines qui font pendant à l'Atlas et dont les pieds vont mourir à quelques kilomètres de la ville.

Coquettement étagée sur son roc énorme, toute blanche, toute resplendissante sous un beau et tiède soleil d'hiver, la ville ressemble à une vaste carrière de marbre blanc : on dirait le nid d'un aigle qui veille du haut de son aire et d'un œil ardent sonde les flots. Nulle position ne pouvait être mieux choisie pour y établir une cité telle qu'était Alger, quand ses terribles corsaires épiaient, attaquaient, pillaient tout vaisseau qui avait eu le malheur ou l'imprudence de venir raser ce dangereux rivage.

Mais, peu à peu, les objets deviennent plus distincts, à mesure que le bateau à vapeur s'avance vers le port. On aperçoit sur les collines de la Boudzaréah de nombreuses, de charmantes maisons de campagne, des hameaux à l'aspect riant ; et, plus près, au bord même de la mer, les édifices de la ville, qui s'élèvent graduellement et sur une pente rapide jusqu'à la crête du roc où se dresse la Casbah, ce palais célèbre où fut fait à la France l'affront historique.

Le port d'Alger, ceint d'un môle capable de résister à toutes les tempêtes, est, à lui seul, aussi grand que les deux ports qui, à Marseille, ouvrent leur bras aux vaisseaux de l'univers. Un tel port serait digne de devenir le vaste et commode entrepôt de tout le commerce méditerranéen. Les montagnes de l'Atlas, les collines sur lesquelles Alger est construit, le protègent contre les vents de terre ; et, quand la mer, soulevée par le souffle violent du nord, blanchit et gronde devant lui, elle vient mourir impuissante contre ses digues.

Ce port immense, où une flotte entière trouverait un abri sûr, n'est point, comme ceux de Marseille et de Toulon, enfermé dans l'intérieur de la ville, sali par des égoûts malsains, muré

par des édifices qui, de tous côtés, arrêtent la
vue. Devant lui, au contraire, la mer s'étend;
vaste et sublime dans son calme comme dans ses
tempêtes.

A Alger, pour jouir de ces magnifiques spectacles, on n'a pas besoin de prendre une barque
et de se faire conduire au loin, ou bien de gravir quelque hauteur éloignée. De quelque point
de la ville que l'on regarde le port, on le voit
toujours entouré d'une mer immense.

Celui que les pirates avaient construit pour
abriter leurs petits vaisseaux, n'était ni aussi
grand ni, surtout, aussi sûr : il forme aujourd'hui
l'extrémité du vaste port édifié par la France.
Dans ce petit enfoncement, jadis ouvert de tous
les côtés, la vague accourait furieuse, et souvent
la même tempête qui jetait de malheureux nau-
fragés sur le rivage des corsaires, venait aussi
briser leurs barques aux pieds mêmes de la cité
inhospitalière.

Les quais sont vastes et beaux ; ils s'étendent
tout le long de la ville dont ils forment le pied,
et présentent aux étrangers une promenade agré-
able où se coudoient des hommes de toute race
et de toute couleur. Bientôt ils seront ceints en
entier par une longue et belle rue à laquelle on a
donné d'avance le nom de Boulevard de l'Impé-
ratrice, nom d'heureux augure. Cette rue, com-
mençant à l'extrémité occidentale d'Alger, sur le

bord de la mer, ira se terminer à une distance de plus d'un kilomètre vers l'extrémité orientale de la ville. Elevée sur de vastes et profonds magasins, dominant au loin la haute mer, et composée de constructions élégantes et solides, cette grande artère est destinée à devenir le centre du commerce algérien et le rendez-vous des étrangers qui trouveront là ce qui, il le faut bien avouer, leur a jusqu'ici manqué à Alger, c'est-à-dire des logements à la fois agréables et d'un prix modéré.

Aujourd'hui, une rampe de quelques marches conduit du port à la ville ; cette rampe franchie, vous vous trouvez tout-à-coup au milieu d'Alger, et pourtant tout ce qui vous entoure est français encore. La place du Gouvernement, dont le seul cachet africain est d'avoir remplacé sur ses maisons élevées nos toits français par des terrasses mauresques, charme l'œil des nouveau-venus, mais ne les surprend pas. C'est sur cette place que se dresse la statue équestre du duc d'Orléans : les Algériens ont tenu à conserver cette statue, non point comme une injurieuse protestation contre tout gouvernement étranger à la dynastie de Louis-Philippe, mais bien plutôt comme le simple et touchant portrait d'un brave jeune homme, d'un bon général qui supporta sa quote part de fatigues dans les travaux de la conquête et, en partant, laissa de lui un aimable souvenir.

Cette place est, pour ainsi dire, le cœur même

de la grande ville qui la domine. C'est là que se réunissent les hommes d'affaires ; c'est là que les promeneurs viennent prendre l'air chaque soir ; c'est là que les musiques militaires font souvent entendre aux Arabes quelques-uns des airs belliqueux qui, jadis, leur annonçaient la défaite, et aux Français bien des morceaux charmants qui, sur cette plage lointaine, leur rappellent doucement la patrie.

Paris a sans doute bon nombre de places ceintes de plus beaux monuments; il n'en a cependant aucune qui me semble digne d'être comparée à ce modeste promenoir, perdu sur la côte d'Afrique.

Où trouver, en effet, à Paris, et même dans toute la France, une place embellie par un ciel aussi splendide, et devant laquelle s'ouvre un aussi vaste, un aussi poétique horizon?

Quiconque s'est une fois, par une belle et tiède soirée d'hiver, promené sous les orangers de cette place charmante, comprendra les regrets de cet Algérien qui s'en était allé, riche, revoir la France et mourir dans cette vive et grande Marseille, où il était né. En vain la Cannebière lui ouvrait ses cafés splendides; en vain elle étalait devant lui son épaisse forêt de mâts battus par les tempêtes de toutes les mers. « Où est, « disait l'Algérien désolé, où est ma place du « Gouvernement, ma place si simple, si modeste, « mais d'où mon œil pouvait planer au loin sur la

« mer, sur la plaine, sur l'Atlas, puis venir se
» reposer sur la blanche ville des Maures ? »

C'est là que viennent aboutir les deux grandes
rues Bab-Azoun et Bab-el-oued qui furent comme
les premiers fondements de la civilisation française en Algérie, et qui sont encore aujourd'hui
les deux plus grandes artères de la ville française.

Cette ville nouvelle s'étend le long de la mer ;
les deux rues principales sont bien construites.
Leurs maisons élevées et surmontées d'élégantes
terrasses, forment, à leur partie inférieure, de
spacieuses et hautes arcades, où les promeneurs
sont heureux de trouver un abri contre les ardeurs du soleil d'Afrique, en été ; et, en hiver,
un refuge contre les pluies torrentielles : sous ces
arcades s'ouvrent de grands et beaux magasins.
Enfin, les deux rues sont terminées par de grands
faubourgs, sillonnés sans cesse par une foule de
piétons et de corricolos, modestes omnibus qui,
dans leurs pauvres carcasses, emportent les Algériens vers les villages environnants. Plusieurs de
ces corricolos sont conduits par des Arabes qui
n'ont pas dédaigné d'utiliser l'invention étrangère
à leur profit. Sans cesse assiégées par une foule
de gens au milieu desquels on voit des Bédouins,
des Maures, des Mauresques, tout enveloppées
d'un énorme tissu blanc qui leur donne l'aspect
de fantômes, ces incommodes voitures sont rapi-

dement entraînées par des chevaux arabes, ardents, mais prompts à se fatiguer.

A Alger, comme partout ailleurs, les coiffeurs, les parfumeurs, les pharmaciens abondent ; de tous côtés, les magasins étalent aux yeux des élégantes leurs mille séductions plus coûteuses qu'ailleurs, et, partant, plus enviées. Là aussi les marchands de tabac sont plus nombreux que dans aucune ville de France. Favorisé par une liberté complète et aussi, disons-le, par la manie universelle que tous les Algériens ont contractée de fumer, le commerce du tabac est certainement un de ceux qui occupent le plus de monde.

Passant des magasins aux monuments, avouons le tout d'abord, Alger n'a pas un seul édifice qui mérite d'être cité. Il semble que les Français, venus pour s'y établir, aient redouté d'asseoir trop solidement leur demeure sur ce sol nouveau, en y construisant des édifices durables. Cette terre, sur laquelle ils étaient venus se fixer un moment, n'avait-elle pas déjà trop de charmes pour leur faire oublier la patrie? Qu'était-il besoin de lui en donner d'autres encore?

La cathédrale occupe la place d'une ancienne et magnifique mosquée : construite et reconstruite à plusieurs reprises, cette cathédrale n'est point encore achevée aujourd'hui. Bien des ouvriers se sont enrichis, les uns en promettant de l'édifier, les autres en jetant à terre l'œuvre de leurs devanciers. Telle qu'elle sera, quand terminée, enfin, après tant d'essais maladroits, on l'ouvrira tout entière aux fidèles, elle ne présentera jamais qu'un monument sans style au dehors, sans ampleur, sans beauté au dedans. Ce que l'on y regrette le plus, c'est l'absence complète de ce cachet religieux, sympathique, qui souvent nous émeut, nous charme, nous dispose au recueillement et à la prière, lorsqu'en France nous entrons dans une modeste église de village. Il est malheureusement vrai, pourtant, que les sommes ainsi englouties dans des essais infructueux eussent pu largement suffire aux dépenses d'une église élégante et vaste, bien due à ces milliers de braves gens du peuple, Espagnols, Français, Maltais, qui s'y pressent tous les dimanches.

La préfecture, la mairie, les tribunaux sont établis dans des maisons sans caractère spécial, et, trop souvent, mal appropriées aux besoins de ces administrations diverses. La salle de spectacle, sans cesse assiégée par une foule avide de plaisirs scéniques, plutôt qu'habile à les apprécier, est bien au dessous de celles dont jouit le peuple de France, dans les grandes villes.

Seul, le palais du Gouverneur fait presque exception à cette mesquinerie générale des monuments publics à Alger. Le style n'en est pas, il est vrai, bien grandiose; la façade est mesquine encore: mais c'est une vaste et belle maison mauresque,

habilement restaurée, où le marbre est prodigué,
où l'on est sans cesse surpris à l'aspect de salles
étranges et charmantes : de la terrasse on peut
jouir d'une vue fort étendue et fort belle, comme
le sont toutes les vues d'Alger.

Mais laissons cette ville nouvelle qui s'éveille à
la vie, où les maisons s'élèvent comme par en-
chantement, depuis quelques années, au milieu
de ce désordre inséparable d'un premier établissement, et montons vers la ville mauresque, la
partie la plus ancienne et la plus curieuse d'Alger.

La ville mauresque s'étage sur le roc, en un
vaste et pittoresque amphithéâtre couronné par
la vieille Casbah, bien déchue aujourd'hui de sa
splendeur antique. Cet immense palais des deys
occupait toute la partie supérieure de la ville
qu'il dominait comme une forteresse inexpugnable.
Dans l'enceinte de ses vastes et hauts bâtiments,
l'on trouvait des salles splendides, une mosquée
dont les colonnes de marbre ne dépareraient pas
nos plus beaux édifices, des jardins où l'eau cou-
lait en abondance au pied des orangers, des myrtes
et des lauriers-roses. Que reste-t-il aujourd'hui
de tant de splendeur ? — Bien peu de chose. Les
jardins ont été convertis en cours mal pavées, ou
couverts par des constructions nouvelles ; les salles
du palais, la mosquée elle-même, sont devenues
des casernes, et, pourtant, le vieux monument
est imposant encore. Pauvre édifice ravagé ! la

2

main sévère de la conquête ne lui a laissé que son manteau de pierre.

Les rues de la ville haute sont étroites, difficiles à gravir : une pente très-raide, des pavés capables de blesser les pieds les plus endurcis, rendent la montée très-désagréable : Mais que l'on se garde bien de se laisser décourager par ces premières difficultés; que l'on gravisse toujours. Combien de maisons, combien de rues curieuses cette vieille ville renferme ! Non qu'elle soit cependant demeurée jusqu'à présent telle qu'elle était, lorsque, pour la première fois, elle trembla au bruit du canon français qui ébranlait le fort l'Empereur : bon nombre de constructions, semblables à celles que l'on voit dans la ville basse, bien des rues élargies, rendues moins sombres, sont venues modifier le primitif aspect de la cité des corsaires. Toutefois, la civilisation européenne est bien loin encore d'avoir effacé toutes les traces de la vieille ville : beaucoup de rues sont restées, même aujourd'hui, ce qu'elles étaient lors de la conquête.

Jamais ville européenne ne donnera l'idée de ces longues files de maisons blanches, sans fenêtres, serpentant en courbes capricieuses, placées les unes en face des autres, à une distance qui, parfois, ne dépasse pas quelques centimètres, s'avançant, se rapprochant dès le premier étage, comme pour s'appuyer mutuellement, et interceptant ainsi le soleil, la lumière, mais laissant en dessus un libre passage à l'air rafraîchi. Quelques-unes même, plus singulières encore, ne sont que de basses et interminables voûtes, où l'on voit à peine assez clair pour se guider en plein jour. Les rues ainsi voûtées étaient très-nombreuses avant l'arrivée des Français, et vraiment elles étaient merveilleusement appropriées au climat du pays. Ces rues étroites sont, en effet, parfaitement garanties contre les ardeurs du soleil, et leur disposition entretient, à la partie inférieure des maisons, un courant d'air délicieux, d'autant plus frais qu'il vient le plus souvent de la haute mer. Le vent du désert lui même y perdait de son ardeur.

Les rues françaises du bas de la ville, ces rues si larges, aux maisons si élevées et si droites, sont sans doute beaucoup plus propres, beaucoup plus belles à voir : mais je n'accorderai jamais qu'elles soient aussi agréables pour les malheureux piétons qui doivent y circuler au moment où le soleil les inonde de ses rayons brûlants, au moment où le terrible Siroco y fait tournoyer une poussière de feu. Il semble que, sans imiter tout à fait les musulmans dans leur amour pour les ruelles obscures, on eût pu cependant admettre un utile compromis entre la manière de construire en Europe et celle de nos devanciers sur la terre africaine.

Mais, il le faut avouer, pour retrouver sa route
au milieu de tant de rues, de voûtes tortueuses,
longues, obscures, il est nécessaire de les avoir
parcourues bien des fois avec un guide. Toutes
les maisons, en effet, se ressemblent, et souvent
un nouveau carrefour se dresse devant le prome-
neur égaré, comme une interrogation insoluble
et railleuse à l'adresse du malheureux qui cherche
en vain sa route dans ce labyrinthe d'un nouveau
genre. Qui cependant pourrait-il interroger? Les
passants sont si rares, je veux dire les passants
qui parlent français, et, d'ailleurs, à quoi bon
leurs indications qui ne peuvent que jeter dans
un embarras nouveau, tant elles sont compliquées,
difficiles à suivre, aisées à oublier? Ces rues sont
habitées par des familles d'indigènes : durant le
jour, les femmes, restées seules à la maison,
s'occupent des soins de la cuisine, du blanchis-
sage, de la confection des vêtements; leur unique
distraction est de monter sur les terrasses, d'y
causer avec leurs voisines ou bien de se faire
entr'elles des visites où chacune étale sa toilette
aux yeux de ses jalouses rivales. Ce sont là les
passe-temps de ces malheureuses, condamnées à
ne jamais voir d'autres hommes que leurs proches
parents. Quand, le soir, le jour baisse, les hommes
rentrent au logis; la porte du gynécée se referme
et au silence de la journée succède, dans ces
rues, le silence de la nuit.

D'autres rues, dans la partie haute de la ville encore, sont plus spécialement consacrées au commerce. Les maisons sont encore habitées par des familles mauresques, paisibles comme toutes les autres ; mais au bas de chacune d'elles s'ouvre une boutique ou deux.

Ces boutiques sont de petits carrés, pratiqués dans l'enfoncement de la maison, larges de deux mètres au plus et suffisamment profonds pour qu'un homme s'y puisse étendre dans sa longueur. C'est là que le Maure se rend dès le matin ; c'est là qu'il passe sa vie. Il s'y introduit au moyen d'une corde qui lui permet de sauter de la rue au milieu de son petit arsenal. Entré dans son domaine, il s'assied les jambes croisées sous lui, fumant sa longue pipe qui jamais ne le quitte, et buvant le café que, moyennant un sou, le marchand voisin lui apporte, dès qu'il le demande. Les industries exercées par les Maures dans ces petits magasins sont peu nombreuses ; elles se réduisent à quatre principales : épiciers, brodeurs, cafetiers, cordonniers.

La boutique de l'épicier est exactement construite et disposée sur le modèle de celles que nous venons de décrire. Le propriétaire est assis au milieu ; autour de lui et à portée de sa main sont rangées, sur des rayons, toutes les marchandises qu'il débite : sucre, café, huile, bougies, etc.; les acheteurs se tiennent en dehors ; on comprend aisément qu'ils ne sauraient entrer dans un petit magasin dont les marchandises et le possesseur occupent tout l'espace. Le commerce se fait sans bruit, sans discussions. Chacun demande, à son tour, ce dont il a besoin ; le marchand le donne, mais avec une lenteur quelquefois désespérante. Si l'objet demandé ne se trouve pas dans son magasin, il répond simplement: «je n'en ai pas, allez à côté.» Si encore l'objet présenté ne plait pas à l'acheteur, le marchand ne se fatigue point à le lui faire trouver de son goût; mais, le remettant sans bruit à sa place, il laisse le mécontent et s'occupe à servir quelque autre pratique.

Les brodeurs sont nombreux à Alger : ils s'occupent à orner de dessins curieux des selles de chevaux, des burnous élégants, que viennent acheter les riches chefs arabes de la plaine, surtout dans le moment où ils accourent à la ville pour assister à la grande fête des Courses, vers le commencement de l'automne. Leur travail, fait avec des fils d'or ou d'argent, est fort ingénieux et parfois très-joli. Leurs magasins sont d'une nudité complète : tout le mobilier se compose d'une natte sur laquelle l'ouvrier est assis, ayant sur ses genoux la pièce de cuir ou d'étoffe, où ses doigts et son imagination se jouent si artistément. Leurs dessins, admirés des Arabes depuis de longs siècles, représentent tantôt des figures de bêtes, que l'on rencontrerait, il est vrai, assez difficilement dans la création, si variée qu'elle soit, mais qui ressemblent beaucoup aux animaux fantastiques grimaçant sur les porcelaines de Chine, tantôt des lettres arabes, des mots, des versets du Coran.

Viennent ensuite les cordonniers, et vraiment je ne sais si l'on pourrait rencontrer dans le monde entier une ville où les disciples de St.-Crépin fussent aussi nombreux qu'à Alger. Tous ces cordonniers, assis dans leurs boutiques sur de petites escabelles, entourés de nombreux ouvriers et apprentis, sont, durant tout le jour, occupés à confectionner les babouches que porteront plus tard les Maures de la ville et les Arabes des environs. Ces babouches, composées d'une forte semelle autour de laquelle circule une épaisse bande de cuir, large de deux doigts, forment une chaussure aussi aisée à mettre qu'elle est aisée à quitter, et, en outre, très-fraîche. Cette partie du costume indigène, toute simple qu'elle paraisse, n'est donc point une invention sans mérite, dans un pays chaud, et pour des hommes qui sans cesse doivent déposer et reprendre ces babouches, quand ils entrent dans les maisons et les mosquées et quand ils en sortent. Comme les Arabes des champs ne sauraient les fabriquer, ils sont obligés de venir les chercher à Alger ; aussi, cette industrie y est et y sera toujours très-florissante. Il ne faudrait pás supposer, cependant, que tous les Arabes portent des babouches : si commun qu'en soit l'usage, il est néanmoins à Alger et dans la campagne, bien des pauvres diables qui vont partout et toujours pieds nus, soit par vieille habitude, soit plutôt par pauvreté.

Les cafés indigènes sont très-nombreux dans la ville mauresque, et tous sont assez achalandés pour que leurs propriétaires et les garçons qu'ils emploient puissent doucement vivre du produit de leur industrie. On ne saurait se faire l'idée d'un café maure d'après les cafés que nous voyons en France. Dans une grande salle sont rangées autour des murs de larges banquettes en bois ; au milieu, d'autres banquettes garnissent l'espace resté libre entre les colonnes. Les murs sont nus ou tapissés de mauvaises gravures, de grossiers dessins faits ordinairement à la main. Ces dessins représentent le plus souvent des oiseaux, des chevaux, des navires, jamais des hommes : il est interdit aux Musulmans par le Koran d'avoir chez eux aucune image où, comme chez nous, l'artiste ait reproduit les traits d'un personnage même imaginaire. Au plafond de cette pièce si triste sont suspendues des cages où gazouillent de charmants petits canaris et des lampes, semblables à celles dont se servent les pauvres dans les campagnes de France. Une grosse boule en verre contient l'huile, du milieu de laquelle sort une mèche fumeuse qui répand autour d'elle une faible clarté ; enfin, dans quelque coin de la pièce, un fourneau de faïence, sorte de forge semblable à celle des maréchaux en France, tout couvert de tasses et de cafetières, sert d'officine aux gens employés à servir les Arabes qui, tour à tour, viennent s'accroupir sur les banquettes de ce café original.

On le voit, la physionomie d'un café maure n'est point gaie ; rien n'est fait pour y appeler les passants, ni les décors, ni le confortable, ni la variété des liqueurs, car on n'y sert absolument que du café ; et pourtant il est quelques-uns de ces établissements où se presse une clientèle si nombreuse, qu'on ne saurait compter la foule des gens qui, chaque jour, en franchissent le seuil.

C'est là que les Arabes des environs, arrivés à la ville pour y vendre leurs marchandises, viennent se reposer et souvent faire leur modeste repas, composé d'un morceau de pain, de quelques dattes et d'une ou de deux tasses de café ; c'est là que les oisifs entrent, le soir, pour s'amuser, pendant une heure ou deux, à entendre un conteur, à la physionomie mobile, qui les ravit par ses récits débités sur un ton à peu près semblable à celui de notre psalmodie chrétienne ; c'est là enfin que jeunes et vieux, riches et pauvres, entrent, plusieurs fois par jour, pour y boire quelques tasses de cette commune boisson, la seule que leur loi religieuse leur permette, celle aussi qui convient le mieux à leur tempérament lymphatique et qui supplée en quelque sorte à l'insuffisance de leur nourriture.

Avant l'arrivée des Français, ces cafés indigènes avaient une physionomie beaucoup plus originale, beaucoup plus animée que ne l'est celle qu'ils ont aujourd'hui. Chaque soir, les plus fréquentés d'entre eux trouvaient un nouveau moyen d'appeler les passants et de les retenir.

Tantôt, en effet, le maître du café engageait pour la soirée un chanteur célèbre, arrivé de quelque tribu éloignée ; d'autrefois, il faisait venir des musiciens maures ou nègres, jouant sans art, mais non sans entrain, de leurs flûtes criardes et de leurs tamtams au son monotone ; souvent encore, il avait la bonne fortune de voir quelque bouffon, célèbre dans la ville et aux alentours, franchir le seuil et faire assaut de plaisanteries et de tours malins avec les assistants qu'il retenait autour de lui. A certains jours enfin, la vaste salle se transformait en une salle de danse, où des Mauresques de la ville, sans pudeur, mais non sans grâce, venaient se livrer à tous les voluptueux entraînements de la danse nationale, tour à tour nonchalante ou pleine d'une folle ardeur. Vieillards, hommes mûrs, enfants eux-mêmes, restaient, durant de longues heures, les yeux fixés sur la bayadère, qui, revêtue d'un élégant corsage tout lamé d'or et de longs pantalons flottants, parfois se balançait avec une molle

langueur, comme la rose inclinée par la brise,
parfois s'élançait comme une rapide panthère de
ce beau pays, ou bien encore se drapait dans son
écharpe, belle et séduisante comme la Vénus
antique.

De tous ces spectacles, qui se prolongèrent
encore durant quelques années après la conquête,
et qui attiraient toujours une nombreuse assis-
tance d'Européens, il ne reste plus rien aujour-
d'hui. Quelques-uns sont tombés en désuétude,
et la police française en a supprimé plusieurs où
la licence musulmane dépassait toutes les bornes.

Et cependant, tels que sont actuellement les
cafés maures, ils méritent encore d'être visités
par tout observateur, curieux d'étudier les mœurs
indigènes.

On y voit réunis, en effet, des Maures, des
Arabes, des Nègres, tous fumant, tous sérieux : nul
ne fait de bruit, beaucoup gardent même le silence
durant des heures entières. Sont-ils donc en-
dormis ? Non, certes, car ils fument et boivent.
Sont-ils éveillés ? Vraiment je ne le sais, car ils ne
parlent ni de la bouche ni des yeux ; je gagerais
même qu'ils ne pensent pas, ou plutôt que leurs
pensées errent au hasard, comme celles d'un rê-
veur à minuit. Mais ce qui est hors de doute, c'est
qu'ils sont heureux, c'est qu'alors ils n'ambi-
tionnent rien de plus que de pouvoir toujours
s'enivrer doucement de cette liqueur qui leur

coûte si peu cher, de cette bleuâtre fumée, d'un tabac sans force, il est vrai, mais non pas sans parfum. Ainsi, les cafés sont, à Alger comme dans toutes les villes de l'Orient, les principaux points de réunion : mais il faut faire, entre ces cafés et les nôtres, cette distinction très-vraie, que les Arabes, les Maures, les Nègres, qui s'y rencontrent, ne se donnent point là un rendez-vous pour causer des affaires de leur commerce, ni même de celles de leurs familles. S'ils y entrent, c'est pour y passer quelques heures dans un repos complet, c'est pour s'y entretenir familièrement de sujets qui les intéressent tous également, c'est enfin pour y faire parfois une de ces longues parties d'un jeu qui ressemble assez à nos échecs.

Disons encore, avant de quitter ces marchands, ces cafetiers indigènes, disons que, souvent, ils exercent le commerce plutôt pour y trouver un passe-temps que pour en retirer un profit, toujours bien mince. Beaucoup de ces boutiques tenues par des Maures ne sont guères que pour eux, qu'un petit appartement, une sorte de salon, où ils passent agréablement la journée, occupés à fumer leur pipe, à regarder les passants, et joyeux quand ils peuvent y faire asseoir un ami à côté d'eux : ils en sortent, d'ailleurs, plusieurs fois par jour, pour aller prendre leurs repas à la maison ou pour se rendre à la mosquée.

Il y a, dans Alger, plusieurs mosquées : elles ont toutes entre elles beaucoup de ressemblance, bien plus encore que n'en ont nos grandes églises catholiques. Aussi, quiconque connaît une mosquée, se peut aisément faire une idée des autres, et quiconque a vu une fois les Arabes y prier, se jeter à genoux, y demeurer longtemps les mains ouvertes comme un livre, se relever ensemble, se tenir longtemps le visage appuyé sur la terre que de temps en temps ils baisent avec respect, peut se faire une juste idée du recueillement que ces hommes apportent dans leurs lieux de prière. La plus belle mosquée d'Alger est située au bas de la ville, au milieu même des constructions françaises : elle est grande ; la voûte en est élevée. L'architecte qui la construisit, pauvre captif chrétien retenu par les corsaires, lui donna la forme d'une croix latine, et ce pieux souvenir de sa foi qu'il imprima à son œuvre, lui coûta, dit-on, la vie. Le Dey admira l'édifice, il crut devoir le conserver ; mais il voulut que l'architecte payât de sa tête l'insulte qu'il avait faite à la foi musulmane, en donnant à l'un de ses temples la forme abhorrée de la croix.

Point de mosquée sans une tour ou Minaret, d'où le Muezzin appelle les fidèles à la prière : cet homme qui, sur sa tour élevée, chante d'une voix monotone et lente, rappelle le chant de nos cloches dans les villages, mais ne saurait le remplacer. Il y a, dans le son du bronze, dans cette voix, tantôt gaie, vibrante, tantôt triste et plaintive, quelque chose de bien plus profond, de bien plus émouvant, que dans la parole de ces hommes dont la cantilène monotone ne saurait dominer le bruit du vent, ni se faire entendre au loin. Ne soyons point toutefois trop exclusifs ; il est des jours où la voix de tous ces Muezzins des différentes mosquées, s'unissant soudain en un vague, un étrange concert, excite momentanément dans l'âme une douce et pieuse émotion.

C'est dans la mosquée, surtout, que l'on comprend d'un coup d'œil l'admirable esprit d'égalité qui règne parmi le peuple musulman. A côté du Maure, vêtu d'une veste élégante, d'un pantalon en beau drap rouge, coiffé d'un turban, blanc comme la neige, et s'enveloppant dans un caban d'une laine soyeuse, vient souvent s'agenouiller quelque pauvre et sale Arabe de passage dans la ville.

Ni les deux ou trois cabans du misérable, jaunes, puants, disons-le même, infectés parfois de vermine, ni l'odeur désagréable qui le suit, ne font reculer son riche voisin. Le Maure reste à côté de lui, immobile, tout occupé de sa prière. L'Arabe et lui ne songent qu'à unir leur voix à celle du Marabout, qui chante les louanges de Dieu et celles de Mahomet. Et, pourtant, rien en apparence n'explique la ferveur des musulmans, leur attitude respectueuse dans les mosquées. Leurs offices sont monotones ; ils n'ont point, pour entretenir en eux la foi de leurs pères, de prédicateurs éloquents ; chez eux nul ne prêche : ils n'ont point, pour les appeler à leurs temples, des cérémonies grandioses qui attirent, qui subjuguent l'homme tout entier par un charme captivant à la fois les sens et le cœur. Et pourtant leurs mosquées sont toujours pleines ; un obstacle les empêche-t il de s'y rendre, ils s'agenouillent et prient sur les chemins, dans les rues, sans aucun souci des railleurs, s'il s'en trouve, ni d'un soleil ardent qui les brûle. Toutes les ordonnances de cette loi musulmane, si sévère en ce qui ne touche point à la morale, toutes ces ablutions, tous ces jeûnes, parfois si rigoureux et si prolongés, ils les observent avec une scrupuleuse attention ; tant est vraie cette parole, que l'homme a besoin d'une religion, et que, si dure qu'elle soit, il en observera les préceptes, toutes les fois qu'un fanatique habile saura, en récompense de leur piété, accorder à ses sectateurs une licence aussi grande sur certains points, où ses défenses seraient sans effet, que la loi est rigoureuse sur certains autres, où l'obéissance est plus facile.

Pour nous faire une complète idée de la vie indigène à Alger, il nous faudrait encore visiter les bazars, vastes passages où chacun a son petit magasin, où les boutiques, ailleurs alignées dans

les rues, sont groupées en forme d'hémicycle ; il
nous faudrait parcourir les Fondouks , grands
hangars mal couverts, construits autour d'une
cour, où tout le monde peut entrer, et qui, durant
la nuit, servent d'abri aux Arabes, à leurs chevaux,
à leurs mulets, à leurs chameaux et aux marchandises, dattes, oranges, laine, qu'ils viennent vendre
sur les marchés d'Alger ; il nous faudrait enfin
dire un mot des mille petites industries exercées
par les Maures ; il nous faudrait parler des fabri-
cants d'instruments de musique, pauvres diables
qui mettent tout leur art et toute leur gravité à
façonner des guitares et des flûtes, à peu près
aussi mélodieuses que celles qui servent de jouets
aux bambins en France ; il nous faudrait parler
des restaurateurs arabes, si sales, si imprégnés
de l'odeur nauséabonde de l'huile employée par
eux à la préparation de leurs mets détestables.

Mais non, redescendons plutôt dans la partie la
plus animée de la ville, dans les grandes rues
françaises, et là jetons un rapide coup d'œil sur
l'étrange population qui sans cesse s'y agite. Le
spectacle curieux, multiple, des types, des costumes divers qui circulent partout dans les rues
d'Alger, est certainement un de ceux qui intéressent le plus les nouveau-venus, et, vraiment, il
en doit être ainsi. Aucune ville, de notre vieille
patrie ne présente un aspect aussi bizarre que
cette nouvelle métropole de la France africaine,

Babel étrange, qui ouvre de tous côtés ses bras aux étrangers, sans cependant chasser ses premiers enfants, et aujourd'hui est la patrie ou, du moins, le séjour d'une foule de Français, d'Espagnols, de Maltais, d'Arabes, de Maures, de Nègres et de Juifs.

Les Français établis à Alger ne sont pas, à beaucoup près, aussi nombreux qu'on le croirait d'abord ; tous ont conservé le costume, le langage, les mœurs, et, disons-le tout bas, certains vices de la mère-patrie. La plupart de ces Français sont arrivés pauvres ; un grand nombre a fait fortune : tel qui, jadis, débarqua sur le port, n'ayant pour tout bien que le sac qu'il portait sur le dos, va maintenant en magnifique équipage prendre le frais sur le bord de la mer, quand le soleil se couche derrière les collines de Moustapha. Comment toutes ces fortunes ont-elles été conquises ? Par quels degrés ces hommes sont-ils montés si haut, étant naguères si humbles ?... Qu'importe ici ?... Je n'ai entrepris ni un éloge ni une satire ; je ne me donnerai donc pas le souci de rechercher, de noter, au milieu de la foule, les malheureux qui ne sont devenus riches que par la pauvreté des autres ; par la même raison, je devrai me priver du plaisir de louer les hommes laborieux et probes qui ne doivent leur bonheur présent qu'à de nobles, de constants efforts, à une vie toujours bien remplie, toujours exempte de reproches. Mais, riches ou pauvres, tous les Français venus à Alger, employés de l'État, commerçants, ont pris pour leur nouveau séjour une merveilleuse affection, qui les suit jusqu'en France, qui leur fait regretter et redemander l'Afrique, au milieu même des villes où ils sont nés, où ils sont revenus pour y vivre désormais, au sein de leur famille et de leurs vieilles habitudes.

Les Espagnols émigrent très-volontiers à Alger, où ils retrouvent le climat de leur pays, sa terre fertile, ses productions variées. J'ai en vain cherché parmi eux ces beaux types féminins, dont on parle tant; ils ont, au contraire, je ne sais quoi de mesquin, de méchant dans la figure. Il est vrai que leurs costumes ne sauraient faire valoir leurs avantages naturels. Le plus grand nombre d'entre eux s'occupe d'arts manuels; ils sont menuisiers, maçons, serruriers, jardiniers. Leurs jardins, cultivés avec beaucoup de peine et beaucoup de soin, s'étendent sur un espace de plus de deux lieues, le long de la mer, à droite d'Alger. Ces jardins sont toujours abondamment fournis de légumes, chaque jour transportés sur les marchés d'Alger, et, de là, souvent emportés en France par les bateaux à vapeur. C'est ainsi que Paris a maintenant, au milieu de l'hiver, des légumes frais, poussés en pleine terre. Vivant de peu, ennemis des excès, les Espagnols d'Alger

amassent, à force de patience, de petites fortunes,
bien modestes à nos yeux, mais suffisantes pour
leur assurer une vieillesse tranquille. Plusieurs
retournent en Espagne avec leur petit avoir, et,
là, ils achètent une maisonnette et un champ où
ils s'installent à tout jamais et sans regret, car ils
y trouvent encore le beau ciel de l'Afrique, et,
de plus, les chères habitudes de la patrie. Les
Français qui s'en sont retournés chez eux, reviennent, au contraire, à Alger tôt ou tard, pour
lui redemander son ciel d'azur, sa mer, ses charmantes promenades que la patrie, si belle qu'elle
soit, ne saurait leur offrir et sans lesquelles ils ne
peuvent plus vivre. Les Espagnols ont généralement beaucoup d'enfants ; aussi les parents,
quand ils sont pauvres, les font-ils travailler de
bonne heure, et ces enfants, garçons et filles,
nourrissent leurs parents devenus vieux, les uns
sur le salaire qu'ils touchent comme ouvriers, les
autres sur leurs gages de domestiques, et parfois
aussi sur le produit des petites rapines qu'ils
exercent dans la maison de leurs maîtres. L'as-
cendant des parents espagnols sur leur famille
est absolu et ne cesse jamais ; malheureusement il a pour base la crainte plutôt que l'affection. Il est regrettable aussi que ces hommes,
auxquels on ne saurait refuser de grandes
qualités, les déparent trop souvent par une
violence de caractère, une férocité dans les

mœurs qui, parfois, les pousse aux actes les plus criminels.

Presque tout le commerce des fruits, des légumes, des poissons, se fait, à Alger, dans de petites boutiques tenues par des Maltais. Le Maltais a pour lui, en arrivant, deux inappréciables avantages : il est d'abord accoutumé au climat ; ensuite, il connaît la langue arabe aussi bien que les indigènes, ou peu s'en faut, son idiôme à lui-même n'étant pour ainsi dire que l'un des dialectes de la langue parlée dans le nord de l'Afrique.

A ces deux conditions, déjà si favorables pour faire fortune, le Maltais unit encore une admirable sobriété, un constant amour du travail, une rare intelligence des affaires. Tous les Maltais résidant à Alger sont unis entre eux par une fraternité qui trouve en elle-même sa récompense, car elle les aide puissamment dans leurs entreprises, et rien n'est plus aisé à comprendre : aussitôt, en effet, qu'un vaisseau étranger, une balancelle espagnole, par exemple, est arrivée dans le port, chargée de quelque denrée, telle que pommes de terre, oranges, melons, noix, etc., un certain nombre de Maltais, parmi ceux qui font plus spécialement commerce des fruits ou légumes du genre de ceux dont le bateau est chargé, se réunissent sur le quai. L'un d'entr'eux, quelquefois le plus riche, souvent le plus habile, entre en pourparler avec le chef de l'embarcation. La denrée est achetée et partagée aussitôt entre les divers associés qui versent sur-le-champ leur quote-part du prix d'achat, entre les mains du vendeur ou de celui qui a fait les avances. Mais tout ne se borne pas là, et les acheteurs, avant de se séparer, conviennent encore entr'eux du prix auquel ils revendront le kilogramme de l'objet qu'ils ont acquis; car tout, à Alger, se vend au poids, coutume qui, il est vrai, n'est pas sans inconvénient pour l'acheteur, mais qui lui permet au moins de savoir combien il paie réellement ce dont il fait emplette. Le lendemain donc, sur la place du marché et dans les différentes boutiques de Maltais répandues partout dans les rues de la ville, la denrée que nos hommes ont achetée, la veille, se débite à un prix unique et invariable. Si l'un vendait plus cher, il verrait son étalage abandonné pour celui d'un autre ; s'il demandait, au contraire, un prix plus bas que le prix convenu, il ne trouverait plus désormais d'associés. Ainsi les Maltais ont trouvé le moyen de fixer eux-mêmes le prix des objets de leur commerce ; mais on doit dire à leur louange qu'ils n'abusent pas de la facilité que ce procédé leur donnerait pour établir parfois un monopole exorbitant. Leur bonne foi ne les empêche cependant pas de faire fortune, et tel d'entr'eux qui, du matin au soir, est assis modestement devant sa petite boutique,

possède de magnifiques maisons, et peut, au jour
du contrat, donner jusqu'à cent mille francs en
mariage à sa fille. Les hommes les plus riches
dans certaines villes de l'Est de l'Algérie sont des
Maltais qui, peu d'années auparavant, n'y ont
apporté pour toute fortune que leur industrie et
leurs habitudes d'économie sévère. Presque tous
sont de fort honnêtes gens, peu polis, il est vrai,
insupportables même par leur manière ridicule
d'appeler les pratiques autour de leur étalage,
mais probes, intelligents, capables enfin de for-
mer l'un des bons éléments de la colonisation en
Algérie.

Mais, va-t-on dire, si le commerce à l'usage
des Européens est fait à Alger par des Européens ;
si, d'autre part, les Maures sont en possession du
modeste commerce indigène, que fait donc, à
Alger, cette foule d'Arabes qui y accourent des
montagnes voisines, de la plaine, de tout le pays
enfin, jusqu'aux contrées les plus rapprochées du
désert ? Les pauvres diables ne sauraient y vivre
de leurs rentes, et peu d'entr'eux sont voleurs ;
mais ils se contentent de si peu de chose ! ils
sont si industrieux à s'occuper, que parmi eux
l'on voit rarement des hommes en état de travailler, tendre une main paresseuse.

Toutefois, avant de nous occuper ici des Arabes
résidant à Alger, il nous semble utile de tracer
d'abord, mais en quelques mots, les différences

assez profondes qui les distinguent partout d'avec les Maures.

Les Arabes n'ont point de maisons, point d'établissement vraiment stable ; les Maures, au contraire, sont nés dans les villes et ne les quittent pas. Il y a dans le caractère des Maures plus de douceur, plus de politesse, plus d'aptitude à prendre nos mœurs civilisées ; ils sont généralement bons, mais faibles ; leur figure a beaucoup de noblesse, mais elle manque d'énergie. L'Arabe se rapproche du Sauvage ; il n'a nul soin de son costume, il est sale : ses manières sont rudes, hautaines, ou bien hypocritement obséquieuses ; sa physionomie, généralement très-accentuée, porte souvent le cachet du courage, souvent aussi on y trouve celui de la ruse. Quoi que l'on ait avancé, les beaux types sont fort rares parmi eux ; on y rencontre beaucoup plus communément de ces physionomies effrayantes où se lisent à première vue tous les instincts féroces de l'homme à l'état sauvage.

J'arrive enfin à la différence la plus sensible qui sépare ces deux espèces d'hommes, nés sous le même ciel, unis par la même foi religieuse : je veux parler de la manière dont les uns et les autres se conduisent envers leurs femmes.

La femme arabe est bien plus libre que la femme mauresque ; elle ne se voile point le visage, elle peut aller et venir dans la tribu, sans être accompagnée, elle occupe même un rang honorable dans la famille et souvent elle y jouit d'une notable autorité. La femme mauresque, au contraire, ne peut presque jamais sortir de chez elle ; son visage, son corps tout entier, sont couverts d'une épaisse étoffe blanche qui cache les riches habits qu'elle porte par dessous ; car, il faut le remarquer, ces femmes sont coquettes, plus coquettes même que les Européennes, si cela est possible. Elles sont vêtues de costumes d'une élégance, d'une richesse extraordinaires ; les petites vestes qui entourent gracieusement leur taille, les larges pantalons qui se nouent au-dessous du genou, les écharpes dans lesquelles elles se drapent avec tant de fierté et de grâce, tous leurs vêtements, enfin, sont faits des plus fines, des plus coûteuses étoffes et rehaussés par des broderies d'or, au milieu desquelles scintillent souvent des diamants. Et pourtant elles ne se parent que pour être vues de leurs maris ou pour exciter la jalousie de leurs voisines moins bien vêtues. Il est vrai qu'elles ne sauraient trouver nulle autre distraction : elles ne savent ni lire ni écrire ; elles ont à peine quelque connaissance de la religion de leurs époux, et ainsi dépourvues de toute instruction, absolument ignorantes de toutes choses, elles sont réduites, pour charmer leurs loisirs, à recourir à cette triste occupation de se parer, de se jalouser, de se livrer entre elles à d'intermi-

nables commérages. Tout ce que leurs maris leur
demandent, c'est d'élever leurs enfants, de veiller
à ce que les repas soient prêts pour le moment
où ils rentrent, et, par dessus tout, d'être belles
et point stériles. Quand je dis qu'elles doivent
être belles, l'on entend, sans doute, par là, qu'elles
doivent, comme nos jolies femmes, réunir en elles
cette triple et rare qualité de la régularité des
traits, de l'intelligence dans la physionomie et de
l'élégance des formes. — L'on se trompe. — Une
telle femme, si aimable à nos yeux, si sûre d'être
partout admirée, partout adulée, pourrait fort
bien être dédaignée par ces maris difficiles. Il ne
serait pas impossible, en effet, il serait même
probable que le caractère essentiel de la beauté,
aux yeux des Maures, celui qui subjugue leurs
cœurs et les rend fidèles au lien conjugal, lui
manquât. — Comment cela ? — Le plus naturellement du monde, vous en conviendrez vous-
même. — Dans le portrait que je viens de tracer
d'une femme charmante, n'ai-je pas, en effet,
oublié de dire qu'elle était grasse ? et, ainsi, j'ai
négligé le plus beau de tous les avantages que
puisse avoir une femme aux yeux d'un Maure,
celui sans lequel, en un mot, la beauté, à leur
avis du moins, ne saurait pas plus exister que les
couleurs sans la lumière.

Que ne puis-je, pour faire briller ici toute la
vérité de mon assertion, raconter tout au long le

curieux entretien que j'eus dernièrement avec un Maure de mes voisins, un riche épicier, un digne homme, un homme d'esprit, mais affligé d'une femme maigre.—«Ah! Monsieur, me disait-il entre autres plaintes, pour donner de la beauté à ma femme (traduisez, de la rotondité), j'ai dépensé, depuis cinq ans, plus qu'il ne faudrait pour en nourrir quatre! et, malgré tout, elle reste laide!» Ce disant, l'infortuné considérait avec des yeux stupéfaits une grosse et lourde servante provençale qui passait près de nous, revenant du marché, et je l'entendis murmurer en s'adressant à lui-même: «Oh! oui, il y a des Françaises qui sont bien belles!»

Malheur donc à la femme mauresque qui n'a point ce caractère essentiel de la beauté! Malheur aussi à celle dont le sein est stérile! L'une et l'autre seront bientôt répudiées par leurs maris, et, comme la loi de leur pays les déclare inaptes à posséder quoi que ce soit, elles seront réduites à vivre désormais dans la misère, ou bien à retourner dans leur famille, où la solitude et le mépris les attendent.

Après cette petite digression, où nous avons tâché de faire sentir en quelques mots les principaux points de différence qui séparent l'Arabe du Maure, revenons au sujet que nous traitions d'abord, aux différentes occupations des Arabes dans Alger.

Ils appartiennent, généralement, à deux grandes familles que l'on distingue par les noms de Biskris et de Mozabites.

Le Biskri est vêtu d'une toile grossière : il n'a pour tout habillement qu'un ample sarreau et une culotte large et courte, faits, l'un et l'autre, de cette étoffe solide et peu coûteuse. Rarement on lui voit aux pieds des babouches, jamais de bas : enfin, il remplace par une simple calotte rouge le turban arabe serré autour de la tête par une longue corde de poil de chameau.

Le Mozabite, lui aussi, porte de larges pantalons de toile ; mais, à la place du sarreau de même étoffe, il en met un de laine aux couleurs variées, et il use pour coiffure du véritable turban national. Cette coiffure, lourde et sans grâce, composée d'une calotte de laine grossière sur laquelle est rabattu le capuchon du burnous que vient encore serrer une natte très-longue, cette vilaine coiffure est parfaitement justifiée par le besoin qu'ont éprouvé ces peuples de se défendre contre les ardeurs d'un soleil qui, sans cesse, darde ses rayons de feu sur leur tête.

Le Biskri vient de Biskara, c'est-à-dire des confins du désert ; le Mozabite appartient à la tribu des Beni-Mzab qui habite au milieu des montagnes du Jurjura. Les uns et les autres ne quittent ordinairement leur pays que pour un certain temps ; ils n'émigrent pas à Alger, pour s'y établir à tout jamais, mais seulement pour y amasser une petite fortune. Chaque année, quelques-uns d'entre eux retournent dans le pays natal et ceux qui restent encore à la ville confient leurs économies à ceux qui quittent Alger pour toujours. Arrivé au milieu des siens, le dépositaire remet fidèlement la somme aux parents de l'ami qui la lui a confiée : ceux-ci l'enfouissent dans un trou ou bien achètent un morceau de terre que viendra bientôt réclamer l'exilé, désireux de revoir ses montagnes, où l'attendent ses amis, ses parents, son petit avoir, souvent même sa fiancée.

A Alger, les Biskris sont porteurs d'eau, hommes de peine sur le port, toujours travailleurs, intelligents, sobres, économes. Ces hommes qui couchent n'importe où, qui ne prennent pour toute nourriture qu'un peu de pain, d'huile et de poisson, qui ne boivent que de l'eau, qui, chaque jour, ajoutent quelque sou à leur petit pécule, qui ne perdent jamais le souvenir de leurs pauvres montagnes au milieu des séductions d'une grande ville, qui se connaissent et s'aiment entr'eux, ces hommes ont plus d'un trait de ressemblance avec ces dignes Auvergnats que l'on voit venir à Paris pour s'y enrichir, à force de travail et de privations.

C'est parmi les Mozabites que se recrutent les marchands de légumes, les maîtres et les employés des nombreux bains maures, enfin les conducteurs de ces innombrables bourricots qui,

partout, circulent dans la ville, enlevant les or-
dures, transportant les matériaux pour les constructions, toujours battus, toujours travaillant,
et d'une sobriété qui peut seule dépasser celle de
leurs maîtres. On ne saurait imaginer un animal
plus patient, plus infatigable, plus utile enfin que
le sont ces pauvres ânons d'Alger, que tout le
monde maltraite, et auxquels on est cependant
sans cesse obligé d'avoir recours.

On trouve encore à Alger un grand nombre de
nègres : ils y partagent les diverses industries
des Biskris et des Mozabites. Rien n'est plus original que leurs danses et leur musique. Il faut
surtout les entendre et les voir, au moment des
grandes fêtes de la religion musulmane. Marchant
ordinairement par troupes de huit ou dix, ils
parcourent alors les rues de la ville haute et s'arrêtent à chaque carrefour pour donner à la foule
le plaisir d'un concert en plein air. Les uns ont
devant eux une sorte de grosse caisse, dont la
peau mal tannée et mal tendue ne rend qu'un
son sourd et monotone ; d'autres frappent de la
main sur des tamtams ; d'autres enfin, réunissant
deux arts différents, agitent avec rapidité de
doubles castagnettes en fer et bondissent en un
cercle étroit, comme si une barrière infranchis-
sable arrêtait leur élan. On ne peut, il est vrai,
rien entendre de plus assourdissant, de plus
effréné que leur musique ; leurs danses sont de

véritables sauts d'enfants mutins, et, malgré cela,
on ne les regarde pas sans plaisir, tant la joie la
plus franche est peinte sur leurs bonnes et naïves
figures. Quant à leurs femmes, elles trouvent de
l'occupation dans les bains maures, ou bien elles
vendent dans les rues des petits pains, faits par
les boulangers arabes, ou bien, enfin, servent
comme domestiques dans les familles mauresques;
autrefois, elles y étaient esclaves.

Tous, hommes et femmes, sont généralement
de bonnes gens; leur laideur, celle des femmes,
surtout, mériterait de devenir proverbiale, bien
plutôt que cette infatigable ardeur au travail dont
on les dote fort gratuitement, car l'indolence est
leur premier défaut, et cette indolence est telle,
que les Maures, gens cependant assez policés,
assez humains, étaient autrefois habitués à recourir au bâton, pour leur donner un peu d'énergie,
un peu de courage à la besogne.

Vient, enfin, la nombreuse nation des juifs
indigènes. Ils étaient très-malheureux et fort mal-
traités avant la conquête française : les Maures,
qui les haïssent, les obligeaient à porter dans leur
costume des signes distinctifs; souvent même le
gouvernement du Dey les frappait d'énormes im-
positions qu'ils devaient payer, sous peine d'ajou-
ter le sacrifice de leur vie à celui de la somme
exigée. Eux, leurs femmes et leurs enfants, étaient
la proie de ce maître barbare qui se faisait un jeu

de leur ôter leurs biens, leur honneur et la vie.

La loi française leur a enfin créé une existence plus douce ; mais la vieille inimitié des Musulmans contre eux subsiste encore et elle subsistera long-temps. Beaucoup de ces israélites ont adopté le costume européen, beaucoup se sont fait natura-liser français ; presque tous parlent aisément notre langue.

À Alger, comme partout ailleurs, ils se montrent actifs, intelligents, mais leur âpreté au gain a soulevé contre eux bien des haines. Le costume de ceux qui n'ont point encore adopté nos vête-ments, est à peu près celui des Maures. Quant à leurs femmes, elles sont vêtues avec une rare élégance ; et, souvent, en voyant leurs longues et gracieuses robes, tout ornées de broderies magnifiques, leur écharpe d'une soie aux couleurs charmantes, le bonnet si coquet dont elles parent leurs têtes, on se prend à regretter qu'un si riche costume ne soit pas porté par des femmes plus jolies ; car, il faut bien le dire, les beaux types sont fort rares parmi elles, plus rares encore que parmi les Mauresques.

Je termine ici cette rapide esquisse de la popu-lation algérienne, esquisse incomplète, je le sens bien, mais pourtant suffisante, je l'espère, à qui-conque voudra se faire quelque idée des différentes races qui s'agitent aujourd'hui sous le beau ciel du vieil Alger. J'ajouterai seulement que toutes

ces races, protégées, gouvernées par la loi française, vivent entre elles dans la plus grande paix:
elles ont même invènté, pour se comprendre les
unes les autres, dans leurs rapports quotidiens,
une nouvelle langue, la langue Sabir, mélange
informe, mélange bouffon des idiômes parlés dans
le midi de l'Europe, langue que chacun crée pour
le besoin du moment et qu'il compose de mots
empruntés à l'Italien, à l'Espagnol, au Français,
à l'Arabe lui-même, langue enfin qui se fixera
peut-être un jour et dont on pourra faire la
grammaire et le dictionnaire.

Ici, sans doute, une grave et intéressante question se présente tout naturellement, celle de rechercher quel avenir est réservé à cette étrange
population algérienne, composée d'éléments si
divers, celle de savoir quels seraient les moyens
de ne faire qu'un peuple de tous ces peuples,
d'amener les Maures, les Arabes, les Juifs, les
Espagnols, les Maltais, et les nègres eux-mêmes,
à se reconnaître pour les véritables fils de notre
belle France, à se plier à nos mœurs, à n'admettre
plus dans leur esprit et dans leur cœur d'autre
foi que la foi chrétienne, d'autre nationalité,
d'autres intérêts que la nationalité et les intérêts
des vainqueurs.

Mais ces graves questions, précisément parce
qu'elles sont dignes du plus haut intérêt, auraient
besoin d'être mûrement étudiées et développées

longuement. Aussi ne peuvent-elles trouver place dans ce rapide travail, dans cette modeste esquisse, où je me suis, jusqu'ici, borné à décrire rapidement ce vaste et charmant panorama algérien auquel je me hâte de donner le dernier coup de pinceau, en disant quelques mots du climat et des environs de cette ville, dont j'aurais voulu faire le portrait plus ressemblant, c'est-à-dire plus attrayant encore.

On a beaucoup vanté le climat du midi de la France, où, durant l'été, la chaleur est si forte, si accablante; où l'on ose à peine sortir alors, pour aller, le soir, prendre un moment le frais sur des routes poudreuses et sans ombrage; où, durant l'hiver, le vent du nord souffle parfois avec tant de violence qu'il fait grelotter des hommes, accoutumés à des climats plus rudes; où, enfin, l'on voit tomber la neige, où la glace n'est point inconnue. Combien le climat de notre Marseille africaine est plus beau et plus doux ! — Non pas que je veuille dire qu'il soit exempt de tout inconvénient : quel pays au monde est assez fortuné pour voir toujours se lever sur ses champs et ses villes un soleil à la fois radieux et doux à sentir ?

Il y a, dans l'année, quelques moments très-difficiles à supporter à Alger : la chaleur est très-forte, au mois de juillet, mais elle n'est point lourde, et l'on peut encore l'endurer, sans trop souffrir ; mais dans les mois d'août et septembre, disons même au commencement d'octobre, la température devient accablante. Alors souffle le Siroco, ce vent terrible qui arrive des sables embrasés du désert : à la teinte azurée du ciel succède une teinte grise, jaunâtre : on croirait l'atmosphère tout en feu. Ce vent brûlant est d'autant plus violent, que l'on approche davantage de l'époque où les chaleurs sèches de l'été vont faire place aux pluies de l'hiver. On ne saurait comparer le Siroco à quoi que ce soit qui en donne mieux l'idée, qu'à l'air brûlant qui s'élance d'une fournaise dont on ouvre tout-à-coup les portes. Il apporte même avec lui une multitude d'atomes brillants qui donnent au ciel une teinte d'un jaune éblouissant : les brouillards de l'Allemagne ne sont pas plus épais, mais le brouillard africain est une brume à la fois lumineuse et obscure, qui ne mouille pas, mais qui dessèche et qui brûle. C'est là l'épreuve la plus difficile à supporter pour les étrangers, arrivés en Algérie au moment des grandes chaleurs : heureusement ces journées pénibles ne sont pas de longue durée et bientôt à ces chaleurs étouffantes succède une longue série de mois délicieux.

Depuis le milieu d'octobre jusqu'à la fin de juin, le séjour d'Alger est assurément le plus charmant séjour que l'on puisse souhaiter. En effet, l'Algérie, également éloignée des pays brû-

lants, où l'atmosphère est toujours échauffée par
un soleil trop rapproché, et des froides contrées,
d'où cet astre se tient éloigné durant de longs
mois, laissant le champ libre à toutes les rigueurs
de l'hiver, l'Algérie participe aux douceurs de
l'un et de l'autre climat; elle connaît également
le radieux soleil des tropiques et les fraîches journées de la France du Nord. La saison des pluies,
que l'on y appelle, bien à tort, la saison d'hiver,
n'est point autre chose qu'un véritable printemps.
De temps en temps, il est vrai, un vent violent
s'élève tout-à-coup, le ciel se couvre de gros
nuages, il tombe de fortes averses, souvent semblables à ces pluies torrentielles qui inondent nos
campagnes de France, durant les mois d'octobre,
de février et de mars, mais le sol est si sec de sa
nature, que l'eau qui vient de tomber est presque
aussitôt absorbée. Aussi, dès que le soleil reparaît
tout-à-coup, brillant de sa splendeur ordinaire, dès
que le ciel, après deux ou trois jours pluvieux,
reprend son bleu d'azur, que ne ternit aucun
nuage, l'on peut, sans crainte de rencontrer des
chemins boueux, défoncés, s'aventurer, aux alentours d'Alger, où, après la pluie, les orangers,
les oliviers, les aloès, les figuiers et les cactus
brillent d'une fraîcheur nouvelle. Ainsi, tandis
qu'aux mois de décembre et de janvier, la France
grelotte sous le manteau brumeux et glacé que
l'hiver étend sur elle, l'heureuse Algérie se pare

de toutes les fleurs du printemps; elle regarde
gaiment ses roses, ses jasmins, ses œillets, qui
l'embaument de leurs parfums; elle s'éveille, le
matin, au gazouillement des oiseaux, elle s'endort,
le soir, aux derniers rayons d'un soleil splendide.

Heureux le voyageur qui est venu visiter Alger
durant cette magnifique et longue suite de mois
délicieux! — Sans s'éloigner beaucoup de la ville,
il peut, chaque jour, varier ses promenades. —
Quels environs charmants que ceux de la métropole algérienne! A la gauche du port, une longue
route, dominée d'un côté par les collines du
Sahel, de l'autre bornée par la mer, conduit aux
rochers de la pointe Pescade, où le cafetier
maure, qui s'y est installé, vous apporte une tasse
de café que l'on savoure lentement, en admirant
la pleine mer qui s'étend en face de vous et à vos
pieds, et le magnifique panorama de la plaine et
de l'Atlas que l'on aperçoit sur la droite. — De
l'autre côté d'Alger, nouvelles promenades, plus
nombreuses, plus charmantes encore : — c'est là
que l'on trouve le joli village de Moustapha; c'est
là que mille maisons de campagne s'étagent gracieusement sur les collines; c'est là que le jardin
d'Essai étend devant vous ses allées charmantes,
où l'on erre délicieusement au milieu des arbres,
des fleurs, des fruits, d'un monde tout nouveau.
— Enfin, si l'on monte sur quelqu'une des hautes
collines qui dominent Alger, l'on y jouit tout-à-